FARBENFROHER BASTELSPASS MIT KASTANIEN

Hurra, es ist Herbst! Die Blätter färben sich allmählich bunt und überall hängen die Zweige voller Schätze: süße Früchte, leckere Nüsse, duftende Zapfen und natürlich herrliche Kastanien! Sie locken auf dem Spaziergang und laden zum Sammeln ein. Da sind die Taschen schneller gefüllt, als man schauen kann.

Doch was macht man mit all den Schätzen, wenn man sie nach Hause getragen hat? Eine Kiste gefüllt mit Kastanien ergibt ein herrliches Kastanienbad. Und auch in der Puppenküche gibt es immer einen Platz für ein paar Fundstücke aus der Natur. Am meisten Spaß macht es aber, aus Kastanien kleine Tiere und lustige Figuren zu basteln. Es ist unglaublich, wie leicht das geht – und wie viele Möglichkeiten in den runden Früchten stecken. Meine schönsten Ideen habe ich in diesem Buch zusammengetragen.

Ich wünsche dir viel Spaß beim Basteln und Ausprobieren!

Susanne Pypke

INHALT

04 PIEPMÄTZE

06 GLÜCKSBRINGER

08 FREUNDESKREIS

10 IGELFAMILIE

12 PFERD UND
    SCHÄFCHEN

14 TRAUMFÄNGER

16 KASTANIENKRANZ

18 STIFT-TOPPER

20 GARTENTIERE

22 PIRATEN

24 WINTERWELT

26 HALLOWEEN

28 ENGELCHEN

30 VORLAGEN

06

08

10

14

16

18

24

26

28

PIEPMÄTZE

im Baum

1 Zeichne ein kleines Dreieck für den Schnabel auf den gelben Bastelfilz. Übertrage die Flügel und den Kopfschmuck mithilfe der Vorlagen auf die anderen Filzreste. Schneide die einzelnen Teile aus. Nun oben an der Kastanie ein Loch vorstechen, den Kopfschmuck unten etwas zusammenrollen und mit einem Zahnstocher in das Loch stecken.

2 Die Wackelaugen, den Schnabel und die Flügel mit Klebstoff anbringen. Da sich die Kastanienschale beim Trocknen braun verfärbt, einfach die Schale außen hellgrün anmalen und mit etwas Hellbraun betupfen. Danach alles gut trocknen lassen.

3 Zum Befestigen der Vögel und des Nests wird Bindedraht benutzt. Dazu unten jeweils ein kleines Loch in die Kastanien stechen und den Draht einstecken. Das Nest mittig lochen und auf den Draht aufziehen.

GLÜCKSBRINGER

mit Punkten

PILZ

1 Die Kastanie mit weißen Punkten bemalen. Dazu die Farbe mit einem Wattestäbchen aufnehmen und auf die Kastanie tupfen. Trocknen lassen.

2 Nun mit dem Messer eine Vertiefung in die Unterseite der Kastanie machen, sodass die Kastanie gut auf die Eichel passt. Lass dir dabei von einem Erwachsenen helfen!

3 An der Spitze der Eichel ein Loch vorstechen und den Zahnstocher einstecken. Den Zahnstocher etwas kürzen und die Kastanie aufstecken.

4 Damit der Pilz steht, das untere Ende in etwas Knetmasse drücken und anschließend Moos auflegen.

MARIENKÄFER

1 Die Kastanie auf ein Schaschlikstäbchen stecken, damit man sie gut halten kann, und deckend rot anmalen. Nach dem Trocknen mit Schwarz das Gesicht und die Punkte aufmalen. Nochmals trocknen lassen, dann die weißen Augen auftupfen und je eine schwarze Pupille aufmalen.

2 Nach dem Trocknen der Farbe die Kastanie vom Schaschlikstäbchen abziehen und oben am Kopf des Marienkäfers ein Loch vorstechen. Den Chenilledraht mittig knicken und als Fühler einstecken.

3 Für das Kleeblatt die Vorlage auf die Baumscheibe übertragen und anschließend mit grüner Acrylfarbe ausmalen. Nach dem Trocknen den Marienkäfer aufsetzen.

- 2 große Kastanien, rund
- mittlere Kastanie, rund
- 2 kleine Kastanien, rund
- ggf. Eichelhütchen
- Wolle in Naturfarbe und ggf. Rest in Pink
- 2 Kordeln in Pink, Hellgrün oder Türkis, 10 cm lang
- Schaschlikstäbchen
- Acrylfarbe in Hellgrün oder Türkis sowie in Pink, Weiß und Schwarz

FREUNDESKREIS

lustige Figuren

1 Mit der Kastanie für den Unterkörper beginnen und prüfen, wie die Kastanie am besten liegt, damit die Figur nachher eine gute Sitzfläche hat. Die Löcher für die Beine vorstechen, etwas weiten und die Kordelstücke einstecken. Am anderen Ende der Kordeln die kleinen Kastanien als Füße anbringen.

2 Das Schaschlikstäbchen in der gewünschten Farbe anmalen und zwei 4 cm lange Stücke für die Arme abschneiden. Die Arme seitlich in die Bauch-Kastanie stecken. Das Stäbchen auf die passende Länge kürzen und die Kastanien wie abgebildet auf das Stäbchen stecken.

3 Für das Mädchen aus der Wolle einen dicken Zopf flechten, ca. 16 cm lang und 2 cm breit, und an beiden Seiten mit Wolle in Pink abbinden. Ein paar kurze Wollfäden als Pony auf die Kastanie kleben, dann den Zopf in der Mitte etwas in die Breite ziehen und aufkleben.

4 Für die Jungen die Eichelhütchen in der gewünschten Farbe anmalen und nach dem Trocknen zusammen mit ein paar Wollfäden auf den Kopf kleben. Zuletzt bei allen Figuren die Augen, den Mund und die Bäckchen aufmalen bzw. mit dem Wattestäbchen auftupfen.

IGELFAMILIE
und Eichhörnchen

IGEL

1 Die Kastanienschale mit Acrylfarbe in Hellgrün und Hellbraun anmalen und trocknen lassen. Dann die Schale als Stachelkleid auf die Kastanie kleben.

2 Ein kleines Loch vorstechen und die rote Beere mit dem Bindedraht als Nase anbringen. Zuletzt die Wackelaugen aufkleben.

EICHHÖRNCHEN

1 Zwei 5 cm lange Stücke vom Chenilledraht abschneiden. Die restlichen Stücke verbinden, indem die Enden miteinander verdreht werden. Dann den Draht vier oder fünf Mal um die Handfläche wickeln.

2 Ein 5 cm langes Stück durch die Schlaufen fädeln und fest verdrehen. Damit wird der Schwanz später in die Kastanie gesteckt.

3 Am gegenüberliegenden Ende die Schlaufen etwas miteinander verdrehen, sodass eine schöne Schwanzspitze entsteht.

4 Die Kastanien mit dem Zahnstocher verbinden. Dabei darauf achten, dass das Eichhörnchen eine gute Standfläche hat. Am Hinterteil ein Loch vorstechen, den Schwanz einstecken und in Form biegen.

5 Das restliche Chenilledrahtstück halbieren, mittig knicken und als Ohren einstecken. Zum Schluss die Wackelaugen aufkleben und die Nase sowie den Mund aufmalen.

Igel

- Kastanie, halbrund
- Kastanienschale
- kleine Beere in Rot
- Bindedraht, 2 cm lang
- 2 Wackelaugen, ø 6 – 8 mm
- Acrylfarbe in Hellgrün und Hell-braun

Eichhörnchen

- große und mittlere Kastanie, rund
- 2 Chenilledrähte in Braun, 50 cm lang
- 2 Wackelaugen, ø 6 mm
- Zahnstocher

DU BRAUCHST

- 2 große Kastanien, rund
- 2 mittlere Kastanien, oval
- 8 kleine Kastanien, halbrund
- 2 Eichelhütchen, groß und klein
- 2 Ahornsamen-Flügel
- Bucheckernschale
- 5 Schaschlikstäbchen
- 4 Wackelaugen, ø 6 mm
- Wollreste in Naturtönen
- 2 Bindedrähte, 4 cm lang

PFERD

und Schäfchen

1 Zuerst bekommen die Tiere das Schwänzchen. Dazu beim Schaf hinten einen Schlitz in die große Kastanie schneiden und eine Zacke der Bucheckernschale einstecken. Für den Schweif des Pferdes ein paar Wollfäden um ein Bindedraht-stück legen und mit einem Wollfaden zusammenbinden. Dann den Draht doppelt legen und den Schwanz hinten in die Kastanie stecken.

2 Für die Beine je vier etwa 4 – 5 cm lange Stücke von den Schaschlikstäbchen abtrennen. Am Bauch vier Löcher vor-stechen und die Beine einstecken, sodass sie leicht schräg nach vorn bzw. nach hinten stehen. Die kleinen Kastanien als Hufe aufstecken.

3 Die mittelgroßen Kastanien als Köpfe jeweils auf ein 3 – 4 cm langes Schaschlikstäbchen stecken. Beim Pferd zwei Zacken der Bucheckernschale als Ohren einstecken. Dahinter die Mähne anbringen. Dazu wie beim Schweif beschrieben vorgehen. Das kleine Eichelhütchen und die Wackelaugen aufkleben. Für das Schaf die Flügel der Ahorn-samen als Ohren innen an das große Eichelhütchen kleben. Das Hütchen und die Wackelaugen auf den Kopf kleben. Danach die Nase und den Mund aufmalen.

4 Zuletzt jeweils vorn am Körper ein Loch vorstechen und den Kopf mit dem Schaschlikstäbchen einstecken.

TRAUMFÄNGER

und Sonnenräder

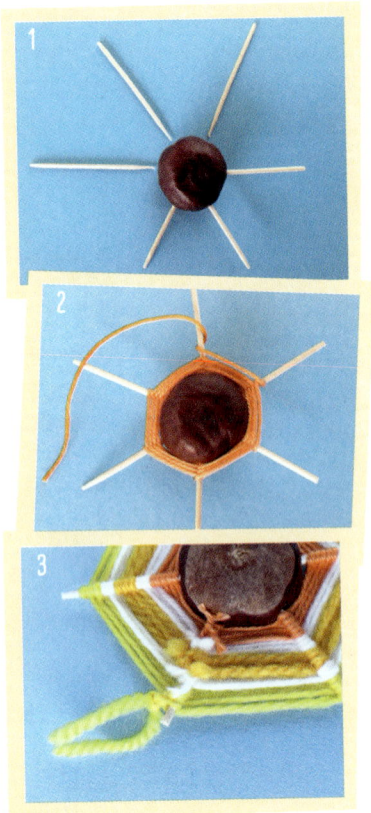

1 Jeweils eine Spitze der Zahnstocher abschneiden. Die Kastanie auf die Arbeitsfläche legen und die Zahnstocher im gleichmäßigen Abstand darum verteilen. Die Löcher vorstechen und die Zahnstocher mit dem spitzen Ende gleich tief einstecken.

2 Für das Sonnenrad die Wolle unten an einem der Zahnstocher festknoten. Dies ist der Startpunkt. Das kurze Ende lose hängen lassen. Das lange Ende im Kreis herum um die Zahnstocher wickeln. Dazu die Wolle immer von oben nach unten einmal um einen Zahnstocher führen und dann weiter zum nächsten.

3 Wenn der Faden zu Ende geht oder die Farbe gewechselt werden soll, am Startpunkt Anfang und Ende des Fadens miteinander verknoten. Dann den nächsten Faden am Zahnstocher festknoten und weiterwickeln. So fortfahren, bis das gesamte Sonnenrad umwickelt ist. Die Enden des letzten Fadens auf die gleiche Länge schneiden und miteinander verknoten, sodass ein Aufhänger entsteht.

4 Für den Traumfänger im Innern beim Wickeln Lücken lassen (siehe Spinnennetz, Seite 26). Drei 10 cm lange Wollfäden abschneiden, an einem Ende verknoten und mit der Nadel durch die kleinen Kastanien fädeln. Die Fäden von hinten an den Traumfänger kleben. Zum Schluss jeweils eine Feder unten in die Kastanien stecken.

Du brauchst

- Kastanie, rund und flach
- ggf. 3 kleine Kastanien, rund
- 6 Zahnstocher
- Wolle in Weiß und in Rot- oder Gelb- oder Grün-tönen, je ca. 60 cm lang
- ggf. 3 Federn in Grün
- ggf. Sticknadel mit großem Öhr

KASTANIENKRANZ

farbenfrohes Windlicht

1 Die Kastanien probehalber um das Glas legen. Sie sollten einen geschlossenen Kreis bilden.

2 Die Kastanien wie Perlen vorstechen und auf den Chenilledraht fädeln, sodass eine Kette entsteht.

3 Die Kette um das Glaswindlicht zum Kreis formen. Dann das Windlicht entfernen. Die Chenilledrahtenden miteinander verdrehen und abschneiden.

4 Den hellen Fleck der Kastanien bunt anmalen und nach dem Trocknen der Farbe mit weißen Mustern und Motiven verzieren. Zum Schluss mit dem Satinband eine Schleife binden und das Glaswindlicht in den Kranz stellen.

DU BRAUCHST

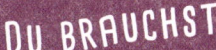

- ca. 10 Kastanien, rund
- Glaswindlicht, ø 5 cm (unten)
- Chenilledraht in Weiß, 50 cm lang
- Acrylfarbe in Petrol, Mintgrün, Hellgrün, Pink, Gelb und Weiß
- Satinband in Weiß, 1 cm breit, 30 cm lang

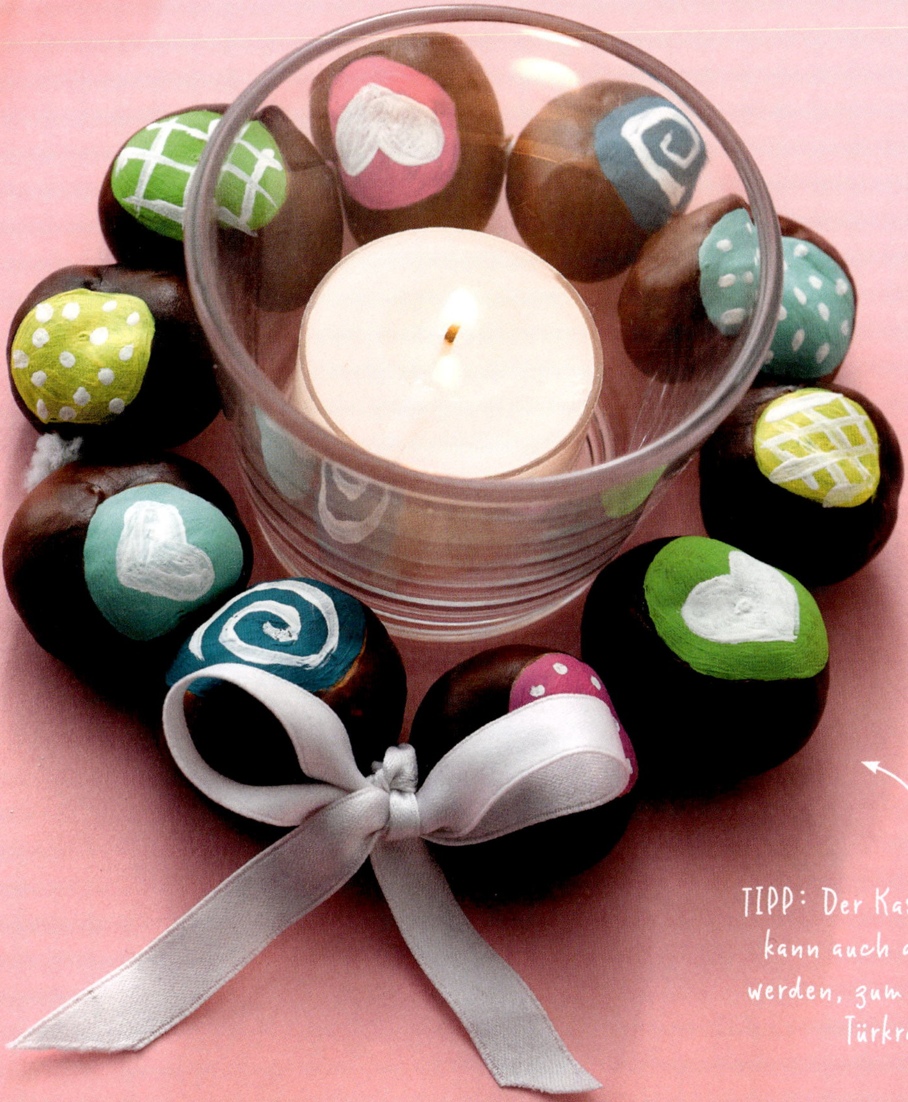

TIPP: Der Kastanienkranz kann auch aufgehängt werden, zum Beispiel als Türkranz.

STIFT-TOPPER

tierisch gut drauf

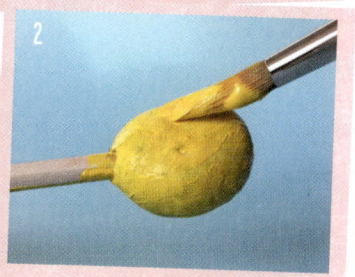

1 Mit der Schere unten jeweils ein großes Loch in die Kastanie bohren und die Kastanie auf einen Stift stecken.

2 Die Kastanien weiß grundieren. Nach dem Trocknen gelb (Giraffe), weiß (Einhorn) oder hellblau (Katze) anmalen. Erneut trocknen lassen.

TIPP: Du kannst auch den Stift farblich passend anmalen!

3 Je zwei 4 cm lange Chenilledrahtstücke (braun, weiß oder blau) zu Ohren formen. Für die Hörner der Giraffe 4 cm Chenilledraht in Orange an einem Ende mit 4 cm Chenilledraht in Gelb umwickeln. Die Ohren oben in die Kastanien stecken – bei der Giraffe werden sie davor unten mit den Hörnern verdreht.

4 Für das Einhorn 10 cm Chenilledraht in Silber um die Spitze eines Bleistifts wickeln und als Horn zwischen den Ohren einstecken. Die Mähne besteht aus vier Chenilledrahtstücken in Rosa, 7 – 10 cm lang, die in der Mitte mit 5 cm Chenilledraht zusammengebunden und hinter dem Horn eingesteckt werden.

5 Der Giraffe mit Orange ein Fellmuster aufmalen, außerdem ein Maul in Pastellorange. Mische dazu einfach etwas Weiß mit Orange. Das Einhorn bekommt ein rosa Maul, die Katze eine blaue Fellzeichnung. Augen, Nase, Mund und Bäckchen aufmalen und die Farbe trocknen lassen.

6 Zum Abschluss den Stift unterhalb der Kastanie mit 10 cm Chenilledraht (orange, rosa oder blau) umwickeln und bei der Katze vorsichtig die Barthaare mit dem Perlgarn durch die Kastanie nähen.

GARTENTIERE

süß und bunt

BIENE

1 Vorn und hinten je einen gelben Kreis auf die ovale Kastanie malen. In der Mitte bekommt die Biene einen gelben Streifen. Wenn die Farbe getrocknet ist, die Augen und den Mund aufmalen.

2 Für die Flügel zwei Achter mit dem Chenilledraht formen und in der Mitte miteinander verdrehen. Die Flügel mit den Drahtenden mittig in die Kastanie stecken.

TAUBENSCHWÄNZCHEN

1 Die Augen aufmalen und trocknen lassen. In der Zwischenzeit die Papiere ziehharmonikaartig falten und einmal in der Mitte knicken. An den Seiten einen Schlitz in die Kastanie schneiden (von oben nach unten), die Papierflügel mit dem Knick einstecken und auffächern.

2 Für den Rüssel 5 cm Chenilledraht an einem Ende etwas einrollen und in die Kastanie stecken. Weitere 5 cm Chenilledraht doppelt legen und als Schwanz einstecken. Für die Fühler 5 cm Chenilledraht an den Enden einrollen, doppelt legen und über den Augen einstecken.

3 Für die Aufhängung ein Stück Bindfaden an den Enden verknoten. Dann den Bindedraht doppelt legen und den Bindfaden einhängen. An der Kastanie oben ein kleines Loch vorstechen und den Bindedraht mit dem Faden einstecken.

SCHNECKE

1 Die Kastanien von klein nach groß auf den Chenilledraht fädeln. Bei der vorderen Bauch-Kastanie das Loch dazu schräg einstechen, sodass der Draht hinten hinein und oben wieder herauskommt.

2 Am hinteren Ende den Draht zu einem Knoten formen, am Kopf auf 4 cm Länge kürzen und zum Fühler formen. Den zweiten Fühler aus einem 5 cm langen Chenilledraht formen und einstecken.

3 Die Augen aufmalen und trocknen lassen. Die Filzstreifen der Länge nach zu 2 cm breiten Streifen zusammenkleben. Die Streifen aufeinanderlegen und aufrollen. Das Ende mit Klebstoff sichern, dann das Schneckenhaus auf den Körper kleben.

Du BRAUCHST

BIENE
- Kastanie, oval
- Chenilledraht in Weiß, ca. 20 cm lang
- Acrylfarbe in Gelb, Schwarz und Weiß

SCHNECKE
- 4 Kastanien, rund, von klein bis groß
- Chenilledraht in Lila, ca. 20 cm lang
- Bastelfilz in Gelb und Lila, 4 cm x 30 cm
- Acrylfarbe in Weiß und Schwarz

TAUBENSCHWÄNZCHEN
- Kastanie, oval
- 2 Papiere in Lila, 7,5 cm x 7,5 cm
- Chenilledraht in Gelb, ca. 20 cm lang
- Acrylfarbe in Weiß und Schwarz
- Bindfaden
- Bindedraht, 3 cm lang

PIRATEN

auf hoher See

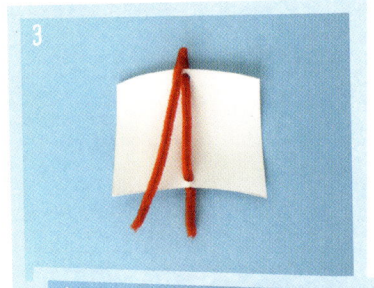

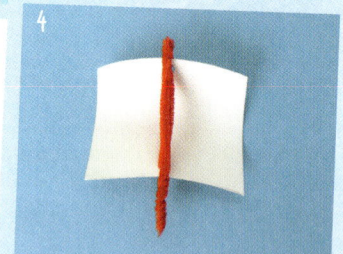

1 Aus dem Motivkarton zwei große und aus dem Tonkarton ein kleines Segel mithilfe der Vorlagen ausschneiden und mit dem Bürolocher die Löcher einstanzen.

2 Für den Totenkopf mit dem Korken einen Kreis aufstempeln, mit einem Pinsel die Zähne und die Knochen ergänzen und nach dem Trocknen mit Weiß die Augen- und Nasenhöhlen aufmalen. Die Säbel mit zwei geschwungenen Pinselstrichen und einem kleinen Querstrich aufmalen. Nach Belieben noch eine kleine Krone ergänzen.

3 Den Chenilledraht für das große Segel doppelt legen. Ein Ende durch das Segel fädeln. Der Draht steht oben und unten etwas über.

4 Den Draht oberhalb des Segels miteinander verdrehen, dann das Segel etwas wölben und den Draht unterhalb des Segels ebenso verdrehen.

5 Beim kleinen Schiff das Segel mittig in die Kastanie stecken. Für das große Schiff die beiden Kastanien mit dem Zahnstocher verbinden und das Segel mittig in eine Kastanie stecken.

6 Das kleine rote Segel in der Mitte falten (gestrichelte Linie) und um den weißen Chenilledraht kleben.

7 Das untere Ende des Chenilledrahts vorn am großen Schiff in die Kastanie stecken. Das obere Ende um die Mastspitze des großen Segels wickeln und das überstehende Ende abschneiden.

DU BRAUCHST

- 3 große Kastanien, halbrund
- Chenilledraht in Blau, Rot und Weiß, je 20 cm lang
- Motivkarton in Blau-Weiß und Rot-Weiß gemustert, je 10 cm x 10 cm
- Tonkarton in Rot, 5 cm x 10 cm
- Acrylfarbe in Schwarz und Weiß
- Zahnstocher
- Bürolocher
- Korken

VORLAGEN SEITE 30

Schneemann

- 3 Kastanien, rund
- Eichelhütchen
- 2 kleine Zweige
- Bastelfilz in Rot
- Chenilledraht in Weiß, 50 cm lang
- Acrylfarbe in Weiß, Rot, Orange und Schwarz
- Papprest
- Schaschlikstäbchen
- ggf. Heißkleber

Pinguin

- Kastanie, oval
- Chenilledraht in Weiß, 20 cm lang
- Chenilledraht in Schwarz, 5 cm lang, oder Eichelhütchen und Acrylfarbe in Petrol
- Acrylfarbe in Weiß, Orange und Schwarz

Vorlage Seite 31

WINTERWELT

Schneemann und Pinguine

PINGUIN

1 Den weißen Chenilledraht unten in die Kastanie stecken und zur Spirale aufwickeln, sodass eine kleine Eisscholle als Standfläche entsteht. Danach auf die Kastanie zwei große weiße Kreise für die Augen malen. Nach dem Trocknen den Schnabel und die Pupillen ergänzen.

2 Für den Kopfschmuck den schwarzen Chenilledraht doppelt legen und einstecken. Für die Mütze das Eichelhütchen mit Petrol anmalen und nach dem Trocknen aufkleben.

SCHNEEMANN

1 Den hellen Fleck auf den Kastanien weiß, das Eichelhütchen rot anmalen und trocknen lassen. Dann aus Filz mithilfe der Vorlage den Mützenschirm ausschneiden und in das Eichelhütchen kleben. Für den Schal ein Rechteck auf den Filz aufmalen, ausschneiden und die Enden als Fransen leicht einschneiden.

2 Die Kastanien auf den Chenilledraht fädeln. Das kurze obere Ende zu einem Knoten formen, das lange untere Ende zur Spirale aufrollen. Damit der Schneemann gut steht, etwas Pappe unter die Spirale kleben. Außerdem bei Bedarf die unterste Kastanie mit Heißkleber fixieren.

3 Die Zweige als Arme einstecken. Den Schal um den Hals und die Schirmmütze auf den Kopf kleben. Für die Nase die Spitze des Schaschlikstäbchens orange anmalen, abtrennen und einstecken. Zuletzt die Augen und die Knöpfe auftupfen.

HALLOWEEN

gruselige Gesellen

KÜRBIS

1 Die Kastanie orange anmalen und trocknen lassen. Danach die gelben Linien aufmalen und trocknen lassen.

2 Für das Blattgrün den Chenilledraht doppelt legen, noch einmal mittig knicken und oben in die Kastanie stecken. Danach die Wackelaugen aufkleben und die Bäckchen und den Mund aufmalen.

TIPP: Du kannst das Gesicht auch einfach weglassen oder ein gruseliges Kürbisgeist-Gesicht aufmalen.

FLEDERMAUS

1 Die Flügel mithilfe der Vorlage aus dem schwarzen Filz ausschneiden. Jeweils einen Zahnstocher auf der Rückseite aufkleben und die Flügel seitlich in die Kastanie stecken.

2 Die Wackelaugen aufkleben und den Mund aufmalen. Zum Schluss zwei Dreiecke als spitze Zähne aus dem weißen Filz ausschneiden und aufkleben.

SPINNE

1 Die Zahnstocher gleichmäßig verteilt am unteren Rand der Kastanie einstecken. Das Baumwollgarn an einen Zahnstocher knoten und von innen nach außen um die Zahnstocher wickeln, sodass ein Netz entsteht. Das Garn dabei jeweils einmal um den Zahnstocher herumführen und dann zum nächsten. Das Ende festknoten.

Hinweis: Das Garn kann auf der Unterseite mit etwas Klebstoff an den Zahnstochern fixiert werden.

2 Nun die acht Chenilledrahtstücke als Beine einstecken – auf jeder Seite vier Beine. Die Beine wie abgebildet in Form biegen. Zuletzt die Augen aufkleben und den Mund aufmalen.

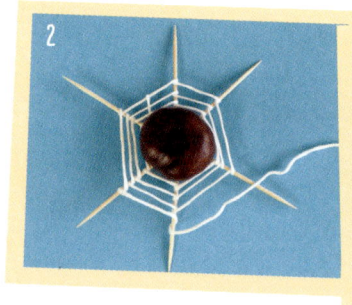

Du brauchst

Fledermaus
- Kastanie, rund
- Bastelfilzreste in Schwarz und Weiß
- 2 Zahnstocher
- 2 Wackelaugen, ø 5 mm

Spinne
- große Kastanie, halbrund
- 6 Zahnstocher
- Baumwollgarn in Weiß
- 8 Chenilledrähte in Schwarz, 7 cm lang
- 6 Wackelaugen, ø 3 – 8 mm

Kürbis
- Kastanie, rund
- 2 Chenilledrähte in Grün, 5 cm lang
- 2 Wackelaugen, ø 8 mm
- Acrylfarbe in Orange, Gelb und Rosa

Vorlage Seite 31

ENGELCHEN

als niedliches Trio

1 Zuerst wird das Gesicht wie auf dem Foto aufgemalt. Die runden Augen und Bäckchen kannst du ganz einfach mit einem Wattestäbchen oder einem runden Holzstäbchen auftupfen.

2 Die Kastanie von unten nach oben vorstechen. Dann eine Holzperle auf ein langes Garnstück fädeln, beide Enden des Garns in die Nadel fädeln und von unten nach oben durch die Kastanie ziehen. Die Enden miteinander verknoten.

3 Aus dem gelben Chenilledraht einen Kreise biegen und die Enden miteinander verdrehen. Als Heiligenschein oben in das Loch stecken. Für die Flügel zwei Kreise aus weißem Chenilledraht biegen und anschließend mit den Fingern zu Flügeln formen (siehe Vorlage). Rechts und links ein Loch vorstechen und die Flügel einstecken.

Du brauchst

- große Kastanie, flach
- Chenilledraht in Gelb,
  10 cm lang
- 2 Chenilledrähte in
  Weiß, 10 cm lang
- Holzperle in Pink,
  Hellgelb oder Weiß,
  ø 6 – 12 mm
- Acrylfarbe in Pink, Weiß
  und Schwarz
- Garn, fest
- Nähnadel, lang

Vorlage Seite 31

VORLAGEN

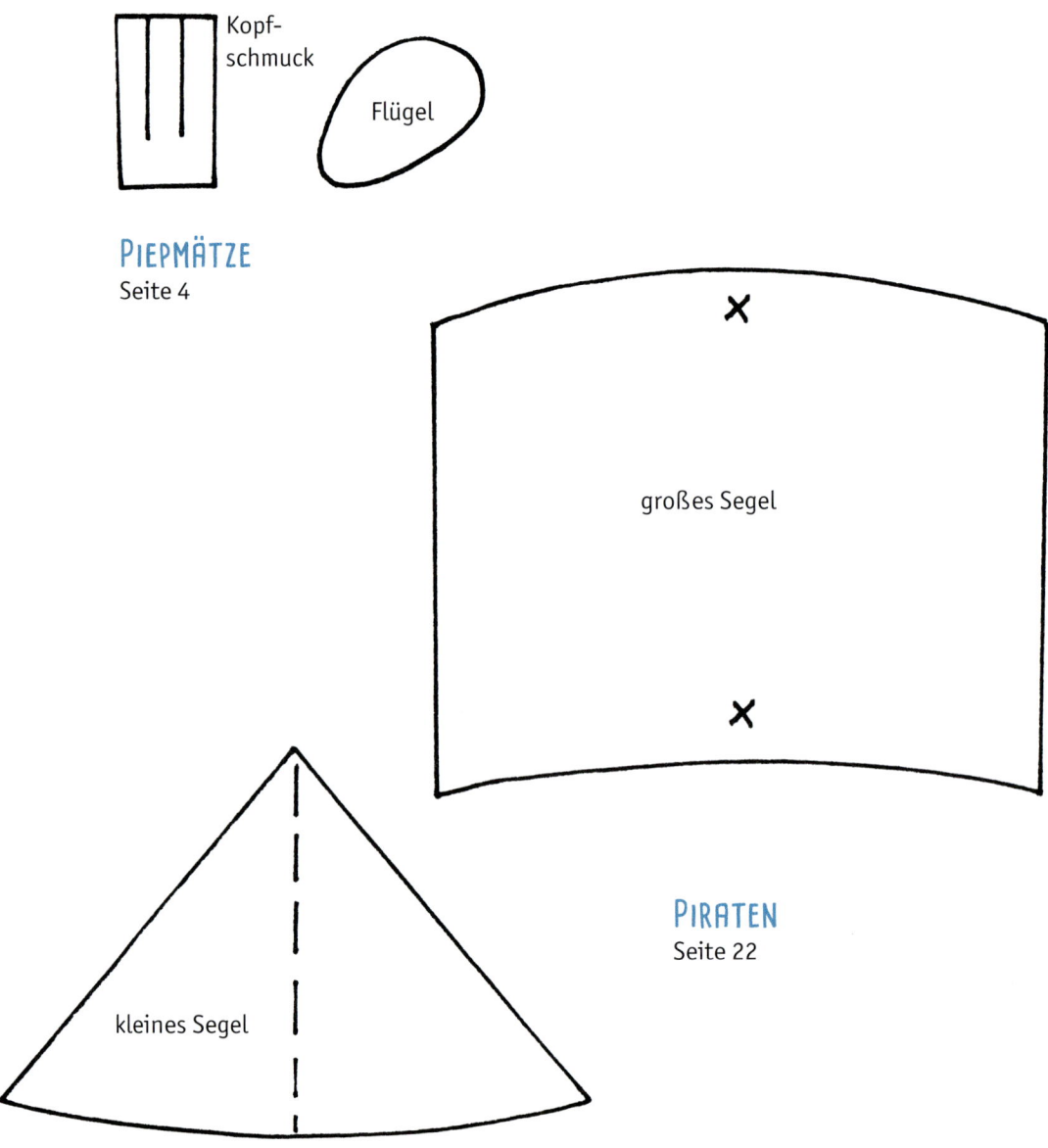

Kopf-
schmuck

Flügel

PIEPMÄTZE
Seite 4

großes Segel

kleines Segel

PIRATEN
Seite 22

GLÜCKSBRINGER
Seite 6

WINTERWELT
Seite 24

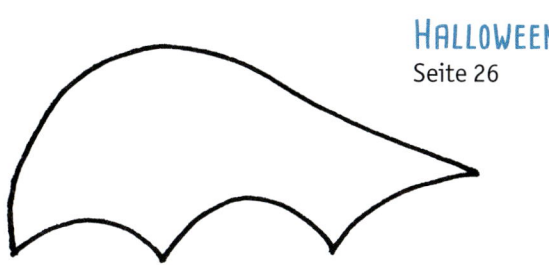

Mützen-
schirm

HALLOWEEN
Seite 26

ENGELCHEN
Seite 28

Autorin

Susanne Pypke arbeitet als freie Lektorin und Kreativ-Autorin im Stuttgarter Westen. Ihre Leidenschaft für das Selbermachen hat sie schon früh entdeckt. Nichts war schöner, als an Regentagen zu basteln, in Mamas Nähkästchen zu kramen oder die Gerätschaften in Papas Werkstatt auszuprobieren.
Ihr Können setzt sie bis heute in zahlreichen DIY-Projekten um. Ein kleiner Ausschnitt davon ist auf ihrem Kreativblog **fraeuleinfloh.blogspot.de** zu sehen.

Kreativ-Hotline

Hilfestellung zu allen Fragen, die Materialien und Bücher zu kreativen Hobbys betreffen: Frau Erika Noll berät Sie. Rufen Sie an oder schreiben Sie eine E-Mail!

Telefon: 05052/911858*
E-Mail: mail@kreativ-service.info

*normale Telefongebühren

Impressum

FOTOS: lichtpunkt, Michael Ruder, Stuttgart

SCHRITTFOTOS: Susanne Pypke

PRODUKTMANAGEMENT UND LEKTORAT: Mirjam Buchwald und Cora Friedrich

LAYOUT UND HERSTELLUNG: Heike Köhl

DRUCK UND BINDUNG: POLYGRAF PRINT spol. s r.o.

4. Auflage 2021
© 2020 frechverlag GmbH, Turbinenstraße 7, 70499 Stuttgart
ISBN 978-3-7724-8462-9 • Best.-Nr. 8462